COUP D'OEIL
SUR LE GLOBE
(Changement alternatif des mers et des montagnes)

L'EUROPE
(Armées de l'Europe).

LA FRANCE
(Origine et formation de la langue française)

Sur le Système Métrique.
Les Degrés de Parenté. — Les Droits de Succession.
(Délais, peines et prescriptions. — Usages pour le deuil)
Les Honoraires dus aux Notaires.
Les Ecoles Centrale, Polytechnique, Militaire, Navale, &.
La Liste des Fonctionnaires recevant franco
Lettres et Placets non affranchis.
La Culture des Céréales.
Les Engrais ordinaires. — Les Animaux reproducteurs.
(Amélioration des races. — Vices rédhibitoires. — Classement des pailles, —
Plantes à extirper dans les prairies).

La Liturgie romaine.
(Le Christ et l'Empereur).
Les Inventions anciennes et modernes.

Par L M.

TOULOUSE
IMPRIMERIE TROYES OUVRIERS RÉUNIS
Rue Saint-Pantaléon, 3.
—
1859.

PROPRIÉTÉ DE L'AUTEUR.

—

In varietate voluptas.

AU LECTEUR.

Voici une galerie de petits tableaux résumant, d'une manière serrée, incisive et quelquefois neuve, ce qu'il y a de plus applicable, de plus usuel, de plus indispensable à l'homme, si restreint que soit le cercle de ses besoins.

En les faisant défiler devant vous, tout décharnés qu'ils sont, nous pensons néanmoins qu'ils auront encore leur intérêt : ils vous éviteront la peine de recourir aussi souvent à vos bibliothèques, et d'autre part, il en résultera pour vous une grande économie de temps.

De nouveaux aperçus statistiques et autres sur le Globe, l'Europe et la France, accompagnent nos tableaux, ainsi qu'un long fragment sur la divinité de l'Homme-Dieu

Enfin, nous avons classé et hiérarchisé le tout, de manière à pouvoir donner à notre petit livre une forme, un visage....

Tel quel, en un mot, nous livrons notre *factum* au public; qu'il en tire tout le parti qu'il pourra, et qu'il nous bénisse, pour toute la peine que nous nous sommes donné inutilement.

L. M.

SUR LE GLOBE.

Sa *surface totale*, en myriametres carrés, est de 5,100,000 (près de mille fois la superficie de la France)

La mer et les lacs occupent 3,700,000 myriam. carrés.

Les continents et les îles, 1,400,000.

Son *diametre* est de trois mille lieues de 4 kilomètres, et par consequent sa *circonférence* dépasse neuf mille lieues.

La terre n'est pas parfaitement ronde, et le diamètre de l'équateur surpasse celui qui joint les deux pôles de 42 kilom.

Qu'était la terre au commencement? Nul ne le sait. Seulement, d'hypothèse en hypothèse, on est arrivé à dire qu'elle a dû être, à son origine, une masse fluide et incandescente, tout au moins gazéiforme, et ce n'est qu'à la longue qu'elle s'est figée de manière à former une croûte solide sur laquelle vivent l'homme, les animaux et les plantes.

Elle est composée d'air, d'eau et de couches terreuses disposées concentriquement et dans l'ordre de leur pesanteur spécifique autour d'un noyau de matieres minerales encore en pleine fusion.

A mesure que l'on s'enfonce dans la terre, la température moyenne d'une localité *s'accroît* d'environ 1 degre par chaque 30 mètres de profondeur. A 5,500 metres, on trouverait donc l'eau bouillante, et à 8 kilom., une chaleur capable de fondre le plomb et l'étain. A une plus grande profondeur, les substances les plus refractaires seraient en pleine ébullition, et vers le centre de la terre, on aurait une température excessive et incalculable.

A mesure que l'on s'élève dans l'air, la température

moyenne d'une localité *décroît* d'environ 1 degré par chaque 180 mètres de hauteur (1). A 7,200 mètres (40 degrés au-dessous de 0) le mercure gèlerait, et on pourrait alors en frapper des médailles. A 27 kilom. (150 degrés) l'acide carbonique se durcirait comme la neige. A une distance d'environ 60 kilom., l'atmosphère nous abandonne, et nous voilà dans une région dont la température ferait passer à l'état solide tous les liquides et tous les gaz que nous connaissons. L'hydrogène s'épaissirait et aurait l'air d'un métal ; l'huile serait dure comme la pierre ; on pourrait travailler le beurre comme l'ivoire, et l'esprit de vin, qu'il a été jusqu'à présent impossible de congeler, se changerait en un cristal transparent.

La terre est située à 342,992 kilom. de la lune. Cette distance est égale à la moitié du diamètre du soleil. Un fil tendu depuis la terre jusqu'à la lune pourrait faire dix fois le tour de la terre.

La distance moyenne de la terre au soleil est de 151 millions de kilom. Cette distance est égale à douze mille fois le diamètre de la terre. Un boulet qui conserverait la même vitesse qu'il a au sortir du canon, emploierait plus de 25 ans à franchir cette distance, et plus de 7,000 pour parvenir à la plus voisine des étoiles !

Les étoiles les plus rapprochées de la terre sont au moins 206,265 fois plus éloignées que le soleil. La lumière qu'elles nous envoient, qui fait plus de 17 millions de kilom. par minute, met plus de 3 années et 1/4 pour parvenir jusqu'à nous ; de sorte que si une de ces étoiles était anéantie subitement à un instant donné, nous la verrions encore à partir de cet instant, pendant 3 années et 1/4, comme si elle existait encore. Quant aux étoiles qui ne sont visibles qu'à l'aide du télescope, elles sont à une telle distance de la terre qu'il faut des milliers d'années pour que leur lumière arrive jusqu'à notre système planétaire. L'imagination ne s'arrête pas là. Au-delà de ces étoiles dont chacune est un soleil qui porte en soi des myriades de soleils, et autour desquels sans doute tournent aussi des mondes habités qu'ils éclairent et vivifient, il existe, à des distances dont Dieu seul connaît le chemin,

---

(1) En 1804, Gay-Lussac, s'est élevé en ballon, à 7,016 mètres (près de deux heues) A cette hauteur, la respiration devient fort difficile, le pouls s'accélère, et le sang tend à sortir par les pores de la peau.

encore d'autres soleils, et toujours des soleils, et toujours des soleils... « Si, maintenant, nous nous représentons notre
» chétive planète nageant dans cet océan à vagues de soleils,
» que l'homme, s'écrie Chateaubriand, paraît petit sur l'atôme
» où il se meut! Mais, qu'il est grand comme intelligence!
» Il sait quand le visage des astres se doit charger d'ombre,
» à quelle heure reviennent les comètes après des milliers
» d'années, lui qui ne vit qu'un instant! » Et si nous redescendons de ces hauteurs, nous le retrouverons, ici, déchiffrant « le vocabulaire perdu des langues sacrées, » là, passant en revue les débris des générations successives de quelques espèces d'animaux, et, sur la simple inspection d'un pied, ou d'un bec ou d'un os, savoir nous dire : C'était tel animal, telle peau, tel plumage, telle nourriture, tels petits, il vit dans tel pays et de telle façon ; ou bien il ne vit plus sur cette terre, il y a vécu à telle époque, il y a cent mille ans et plus !!

La plus grande profondeur connue de la terre (excavation de main d'homme) atteint 1,151 mètres 50 centimètres, c'est-à-dire, environ huit fois la hauteur de la cathédrale de Strasbourg (la mine d'Eselchat, en Bohême, aujourd'hui inaccessible).

La plus grande profondeur connue de la mer est de 14,460 mètres (au sud de l'Océan Atlantique.) La sonde met 9 heures 25 minutes à descendre (1). Cette profondeur surpasse de 5,647 mètres la plus haute montagne connue ; laquelle a 8,813 mètres de hauteur. (Le plus élevé des pics des Monts-Himâlaya au Thibet, en Asie).

C'est un fait aujourd'hui incontesté que les plus hautes montagnes ont été autrefois plongées au fond de l'Océan, puisque en observant leur structure on y découvre une quantité innombrable de coquillages, d'ossements de poissons et autres productions marines. La mer a-t-elle envahi d'abord ces montagnes ou bien ces montagnes se sont-elles soulevées du fond des mers! Bien que depuis les temps historiques les mers et les montagnes occupent presque les mêmes positions, de récentes découvertes nous démontrent néanmoins qu'elles changent alternativement de place, et que ce mouvement de locomotion qui s'opère par soulèvements et par abaissements de terrain, sur les continents comme au fond des mers, est principalement causé par l'action des agents atmosphériques, et par l'action des forces volcaniques.

(1) A cette profondeur l'existence d'animaux est impossible, faute de végétation et de lumière, indépendamment de l'augmentation de densité de l'eau, laquelle est nécessairement accompagnée d'une diminution progressive de température.

Par l'action des agents atmosphériques, tels que la chaleur, le froid, la pluie, etc., les cîmes élevées de nos montagnes se dissolvent et se réduisent peu à peu en grains de sable. Le vent, l'orage, les torrents les emportent de vallée en vallée, les jettent sur la côte, les amassent dans l'Océan. Là, par leur propre poids et par la pression des eaux, elles se resserrent, elles forment de nouveaux rochers qui, après des milliers d'années, reparaîtront hors de l'eau. C'est de cette même manière que de nos jours, s'est formé l'ensablement de la mer jaune, et que le fond de quelques mers s'est élevé.

Par l'action des forces volcaniques, des pierres fondues, liquéfiées dans les fournaises souterraines, se répandent en torrents de sable, puis se solidifient et se convertissent en une couche de terrain fertile. Souvent la terre vomie suffit à former une montagne. Au siècle dernier, le volcan de Jorullo s'éleva à une hauteur de 1,580 mètres dans les plaines de Mexique. L'île de Santorio, qui en 1810, était encore plongée dans les eaux, n'était plus en 1830, qu'à quelques pieds de leur niveau. Stromboli est également sorti du fond des mers pour prendre place parmi les îles de la Méditerranée. En sens inverse, l'île de Sorca, une des Molusques, a complétement disparu. Il y a peu d'années, une montagne élevée, qui supportait quarante villages dans l'île de Java, a été engloutie et remplacée par une cavité.

Sans l'effet des volcans, sans aucune convulsion apparente, d'autres changements ont encore lieu. Ainsi, on a pu constater que les côtes de Norwège et d'Angleterre s'élèvent sur plusieurs points, et que celles d'Allemagne et de Hollande, au contraire, sont peu à peu envahies par les eaux. La Russie septentrionale s'est élevée constamment au-dessus de l'Océan glacial où elle était ensevelie. Au nord de la province Scanie, le sol de la Suède s'élève de 3 à 5 pieds par siècle, tandis qu'au sud de cette même ligne il s'affaisse en proportion. Sur ce point, quelques villages sont maintenant à 300 pieds plus près de la Baltique qu'au temps de Linné qui mesura cette distance, il y a un siècle. La baie de Hithe, en Angleterre, et Aigues-Mortes, en France, qui étaient autrefois d'excellens ports, sont devenus, malgré les travaux qu'on a essayé d'y faire, une terre ferme et de bons pâturages. Ce mystérieux mouvement du continent sur la mer et de la mer sur le continent est attesté par des témoignages historiques, mais il est difficile de le remarquer à cause de sa lenteur, de même qu'il nous est difficile de suivre la marche de l'aiguille sur un cadran de montre, et cependant après un certain intervalle, nous voyons bien la distance qu'elle a parcourue.

La population de toute la terre peut être évaluée à un milliard d'individus (1) qui parlent 3,006 langues et professent

---

(1) Il en meurt chaque jour 91,324 ; savoir le quart avant 7 ans ; la moitié avant 17, de sorte qu'à 18 ans, on peut se regarder comme jouissant d'un privilége refusé à la moitié des êtres humains ; 6 sur 100 meurent à 65 ans ; 1 sur 500 à 80 ; enfin 1 sur 10,000 à 100 ans — (Un des plus rares exemples de longévité est offert par un anglais nommé Thomas Parr. Né en 1483, mort en 1635, il a vécu 152 ans. On voit encore son tombeau dans l'abbaye de Westminster. Citons encore Jean Surrington, de la Norvège, qui mourut à 160 ans, ayant un fils aîné de 103 ans et un autre de 9 ans seulement... Le pêcheur Jenkins, qui nageait encore parfaitement à l'âge de 100 ans, et qui en vécut 169.

un millier de religions différentes. — La moitié de ces religions n'admet qu'un Dieu, ce sont :

Le Judaïsme qui comprend.................. 5,000,000 d'âmes
Le Christianisme sub-divisé en : { Église romaine 139,000,000 ; — grecque 62,000,000 ; — protestante 59,000,000 } 260,000,000 —
Le Mahométisme ou Islamisme............ 140,000,000 —
Les autres religions ensemble comprennent 600,000,000 —

Le nombre d'hommes en état de porter les armes est évalué au quart de la population.

Le nombre des animaux renfermés dans le globe n'est calculable qu'à Dieu seul. Outre les animaux visibles, une multitude plus nombreuse encore échappe à notre vue. Chaque animal, chaque feuille d'arbre, chaque brin d'herbe est une autre planète qui a ses mers, ses montagnes, ses vallées où d'autres animaux parfaitement organisés naissent, vivent et se meuvent aussi librement dans leur espace restreint que la baleine dans le vaste océan. Mais ce n'est pas tout, au-dessous de ces mondes microscopiques, roulent, dans les profondeurs infinies de l'espace, des milliards de mondes encore plus petits, comme notre univers roule dans la main de Dieu.

SUR L'EUROPE.

Superficie continentale : 9,050,000 kil. Plus de la moitié du territoire européen appartient à la Russie. L'Europe est la plus petite partie du monde, n'ayant à peu près que le quart de l'Asie et de l'Amerique et le tiers de l'Afrique.

Population : 264.000,000 d'individus, dont 65 à la Russie, 37 1/2 à l'Autriche, 36 à la France, 21 à la Grande-Bretagne, 18 à la Turquie d'Europe, 17 à la Prusse, 15 1/2 à l'Espagne, 8 aux Deux-Siciles, etc.

Forces des principales nations de l'Europe.

Russie.
- *Militaires:* 1,154,000 hommes et 2,250 bouches à feu.
- *Navales :* 186 bâtiments armés de 9,000 pièces d'artillerie.

Turquie.
- *Militaires :* 457,680 hommes et 300 bouches à feu.
- *Navales :* 77 bâtiments et 3,000 pièces de canon.

Angleterre.
- *Militaires :* 250,200 hommes. — Armée des Indes : 348,000 hommes.
- *Navales :* 571 navires portant 15,524 bouches à feu. Sa marine à vapeur a une force de 54,534 chevaux.

France.
- *Militaires :* 566,000 homm. avec 1,182 bouches à feu.
- *Navales :* 311 navires et 11,773 bouches à feu, non compris 113 bateaux à vapeur, présentant une force de 40,270 chevaux.

— 11 —

Allemagne.
- AUTRICHE.. . . . 595,000 hommes et 1,140 canons.
- PRUSSE.. . . . . . 580,000 hommes.
- PETITS ETATS.. . 224,900 hommes et 500 bouches à feu.

On peut estimer qu'en temps de paix
L'Angleterre fournit 1 soldat sur 140 h
La France, 1 — 110
L'Autriche, 1 — 100
La Russie, 1 — 90
La Prusse, 1 — 68

Chaque indiv. contribue aux revenus publics
En Angleterre pour. . . . 61 fr.
En France. 44
En Prusse. . , 21
En Autriche. . 15
En Russie. . . 14

Finances.

Dans la plupart des Etats les forces militaires absorbent le cinquieme des revenus publics.

Les *revenus* de l'Europe sont de 6,459,000,000 de francs, et les *dettes* publiques de 38,020,000,009.

La France a 1,520,000,000 de revenus et 5,200,000,000 de dettes. L'Angleterre a 1,324,000,000 de revenus et 19 milliards 571,000,000 de dettes. Les dettes les plus fortes sont ensuite celles de l'Espagne, montant à 5,000,000,000, avec 505,500,000 fr. de revenus; de l'Autriche, qui doit 2,522,000,000, reçoit 585 millions et en dépense 714; et de la Russie, qui, avec un revenu de 800 millions, en doit 1,600,000,000.

Chemins de fer.

Leur développement actuel est de 25,400 kilomètres, dont 14,000 pour l'Angleterre, 1,600 pour la Belgique, 800 pour l'Allemagne, 7,000 pour la France.

Le premier chemin de fer, en Angleterre, date de septembre 1825; en Belgique, de mai 1835; en Bavière, de septembre 1835; en France, d'août 1837; en Prusse, d'octobre 1838; en Saxe, d'août 1839; en Autriche, de mai 1840.

Souverains de l'Europe

Nombre, 46, ainsi classés: 4 empereurs, en comptant le sultan, 12 rois et 5 reines, 7 grands-ducs, 8 ducs, 1 pape, 1 électeur et 1 landgrave. — Les deux souverains les plus âgés sont les rois de Wurtemberg et de la Belgique. — Les deux plus jeunes sont la reine d'Espagne et le roi de Portugal. — Le prince qui règne depuis le plus long temps est celui de Wurtemberg.

Les plus fortes pièces d'or frappées à l'effigie de ces souverains sont: le *double quadruple* de Florence, qui est de

170 fr.; le *dobruan* de Portugal, valant 169 fr. 60 c.; le *carlino* du Piémont, qui vaut 142 fr. et 158 fr.; le *lion d'or* des Pays-Bas. qui est de 112 fr. 50 c., comme le *léopoldino* de Florence; le *ducat* de Naples, qui est de 129 fr. 45 c., et le *décuple*, qui vaut à peu près autant; la *livre* d'Italie, qui est de 100 fr., ainsi que le *doppia* de Sardaigne; la *pièce d'or* de France de 100 fr. Il y a aussi des pièces de platine frappées par la Russie et dont la valeur varie de 12 à 48 fr. (1).

Principales curiosités naturelles de l'Europe.

En France, près de Grenoble, on trouve un lieu, nommé *Fontaine-Ardente*, d'où s'échappent des flammes bleues et rouges qui brûlent le papier, la paille et le bois; la poudre à tirer seule n'y prend point feu.

Près de Clermont-Ferrand, on remarque la fontaine de Saint-Allyre, dont l'eau a la vertu de donner aux objets sur lesquels elle tombe toutes les formes d'une espèce de pétrification.

En Italie, près de Pouzzoles, la *Grotte du Chien*, d'où s'exhalent des vapeurs si malfaisantes que si l'on presse contre terre le museau d'un chien, cet animal meurt en moins de deux minutes.

En Espagne, un rocher d'ossements de quadrupèdes près de Gibraltar.

L'Italie, la Suisse et la Grèce sont les trois pays de l'Europe qui en offrent le plus.

---

(1) L'or est, après le platine, le plus dur et le plus inaltérable des métaux. Il peut soutenir pendant deux mois l'action d'un feu très-violent sans perdre sensiblement de son poids. Sa ductilité est telle qu'on peut lui faire occuper 65,000 fois son premier espace. Un grain d'or peut fournir un fil de 400 mètres de longueur. Une once de ce métal peut dorer un fil d'argent de 44 lieues. Un grain d'or aplati en feuille, peut couvrir 1,400 pouces carrés. Sa tenacité est la plus considérable connue. Un fil d'or d'un dixième de pouce, par conséquent d'un tiers de ligne, peut soutenir un poids de 500 livres sans se rompre.

Souvent l'or inspire de la joie, et l'on a vu même des malades recouvrer leur santé à la vue de ce métal.

SUR LA FRANCE.

La France, dans sa configuration actuelle, représente un hexagone irrégulier.

Sa *superficie totale*, abstraction faite de ses colonies, comprend 52,505,744 hectares 52 ares, ou 525,057 kil. carrés.

Sa *population* est d'environ 36 millions, non compris l'Algérie et les colonies (1), soit 68 habitants par kilomètre carré.

Elle est divisée en 86 préfectures, 75 diocèses, 27 cours impériales, 21 divisions militaires, 50 conservations forestières, 25 légions de gendarmerie.

Du sol.

Sol de riche terreaux, 8,000,000 hect.
— de calcaire, 10,000,000
— pierreux, 11,000,000
— sablonneux, 6,000,000
— argileux, 3,000,000
— de différ. sortes, 14,000,000
Propriétés bâties, 250,000
Rivières, étangs, etc, 700,000
Routes, places, etc., 1,200,000

Considéré sous le rapport de l'exploitation, le sol de la France se divise ainsi :

La moitié en terres labourables;
Un vingt-cinquième en vignes;
Un dixième en prairies,
Un septième en bois;
Un cinquième en terrains vagues.

Production agricole.

Céréales (2). . . 185,000,000 h dont 70 de froment.
Légumes secs, pommes de terre, etc. 118,000,000
Vignes 37,000,000
Fruits à cidre. . . 9,000,000
Lin { graine. . . . 740,000
    { filasse. . . 37,000,000 de quint. métriq.

De la population.

Garçons, 9,972,232
Hommes mariés, 6,986,223
— veufs, 836,509
Filles, 9,351,795
Femmes mariées, 6,948,828
— veuves, 1,687,583

Parmi sont : 71,100 infirmes dans les hospices, 37,600 aveugles, 29,500 sourds et muets, 45,000 aliénés.

La population de la France s'est accrue de 10 millions depuis 30 ans. Si cet accroissement se maintient, elle aura 50 millions d'habitants dans 70 ans, et plus de 100 millions dans 150 ans d'ici. Toutefois le chiffre des naissances a constamment diminué depuis 30 ans. En 1826 on comptait une naissance sur 32 habitants, aujourd'hui cette proportion est tombée à une naissance sur 38 habitants. Il faut donc attribuer l'augmentation de la population, en France, à une prolongation générale de la vie humaine, résultant de l'avancement de la civilisation, source d'un plus grand bien-être. En 1826, la vie moyenne était de 28 ans ; elle est aujourd'hui de 39 ans 8 mois.

(1) Le total de la population européenne en Algérie s'élève en ce moment à 167,613 individus ainsi répartis : Français, 100,494 ; Espagnols, 41,529 ; Italiens, 8,716 ; Anglo-Maltais, 6,479 ; Allemands, 5,346 ; Suisses, 1,948, divers, 3,101.

(2) Si le méteil, le seigle, le maïs, etc., n'étaient pas consommés par les travailleurs agricoles, il nous manquerait plus de 30 millions d'hectolitres de blé pour le pain nécessaire à notre nourriture, au lieu de 2 millions qu'année moyenne nous demandons à l'importation.

— 14 —

Chanvre.. 68,000,000
Prairies naturelles. . 105 000 000
— artificielles . 48,000,000
Bois. . . . . 55,000,000 de stères.
Bétail . . , . . 17,300,000 têtes

Cultures prédominantes dans chacune des huit régions agricoles.
1ⁱᵉ région du N , céréales , belle race de chevaux.
2ᵉ région du N -E., forêts import
3ᵉ région du S -E , vigne , mûriers, race bovine.
4ᵉ région du S., bêtes à laine.
5ᵉ région du Centre, châtaigniers, céréales.
6ᵉ région du S -O , vins
7ᵉ région du Centro-Occid., prairies, fruits.
8ᵉ région : aride et misérable.

On compte annuellement, terme moyen, une double naissance sur 60, un enfant naturel sur 13 légitimes, un enfant mort-né sur 22 naissances, un mariage stérile sur 50 unions, un centenaire par 200 mille habitants. (Les départements où l'on vit le plus longtemps sont : Calvados, Gers, Basses-Pyrénées ; ceux où l'on vit le moins : Finistère, Pyrénées-Orientales).

Il se commet moyennement 3,000 suicides ; 240 individus meurent de faim, de froid, de fatigue ; 250 de l'usage immodéré des boissons, 1 pour 325 mille est victime des accidents sur les chemins de fer; 60 sont enterrés vivants dans leur cercueil. Ce calcul est basé sur le nombre des prétendus morts revenus à la vie dans les chambres mortuaires qui existent en Prusse, où les cadavres restent déposés pendant huit jours

Quant au rapport des crimes à la population, il est de 1 sur 17,000 habitants contre les personnes, de 1 sur 6,000 contre les propriétés. (La Corse et la Seine en présentent le plus ; la Creuse et la Corrèze le moins) Le plus épouvantable des crimes, le matricide, se commet une fois par quart de siècle. La valeur des objets volés dépasse 1 million et demi. Sur 80 condamnations à mort 40 sont exécutées.

Douze millions d'habitants possèdent soit une propriété, soit une rente ou pension, soit un emploi public. Le reste de la population, à part 2 millions d'indigents (1), vit d'un salaire ou d'un bénéfice provenant d'un labeur quelconque.

Les produits de l'agriculture sont généralement évalués de 8 à 9 milliards. Si l'on estime que ces produits soient le 10ᵉ du capital, celui-ci doit être de 80 à 90 milliards.

(1) Il y a une si grande disproportion dans la distribution des aumônes, qu'on peut citer tel indigent qui aura reçu de tel bureau de bienfaisance, pendant une année, un centime seulement, tandis que 889 fr. 51 cent. auront été alloués à tel autre indigent dans un autre bureau

— 15 —

Les produits de l'industrie s'élèvent environ de 5 à 6 milliards, et le capital industriel de 25 à 50 milliards.

En déduisant du produit annuel l'achat des matières premières, la main d'œuvre, et tous les autres frais de fabrication, on obtient, pour le bénéfice de l'industrie, environ 10 p. 100 des capitaux employés.

L'exportation dépasse l'importation de 80 millions.

Le budget est d'environ 1 milliard 500 millions (1).

Sous Henri IV il était de	33,000,000	Sous le Cons. (108 d),	600,000,000
Sous Louis XIII,	162,000,000	Sous Napoléon,	900,000,000
Sous Louis XIV,	155,000,000	Sous Louis XVIII,	850,000,000
Sous Louis XV,	300,000,000	Sous Charles X,	1,000,000,000
Sous la République,	500,000,000	Sous Louis-Phil. (2),	1,400,000,000

Il y a en France 8,000 chefs de famille payant au moins 1,000 fr. de contributions ; — 15,000, 500 fr. ; — 67,000, 300 fr. ; — 110,000, 200 fr. ; — 220,000, 125 fr. : 480 mille, 50 fr. ; — 5,900,000, 25 fr. et au-dessous.

Le passif hypothécaire qui grève les propriétés immobilières s'élève à près de 12 milliards et demi. Ce chiffre diminue, toutefois, d'un tiers, à cause des hypothèques fictives.

Forces militaires et navales. (Voir sous le titre : *Europe*).

L'effectif total des membres de la Légion-d'Honneur est de 55,000 ; sur ce nombre 55,000 ne reçoivent pas de traitement.

---

(1) *Fait curieux*. Le budget étant de 1,500 millions, il tombe à chaque seconde 47 fr. 53 c. dans le trésor. — Pour 1,500 millions, il faut 75,000,000 pièces de 20 fr. En les rangeant bout à bout sur une ligne droite, ces pièces d'or donneraient la plus grande longueur de la France, du Var au Finistère.

(2) Pendant la discussion du budget, ce mot « le pays » revenant sans cesse dans la bouche de nos honorables d'alors, un journal, à cette occasion, fit la réflexion suivante :

« Autrefois on disait : *la France* ; — c'était l'ère de la grandeur idéale.

Plus tard on disait : *la Patrie* ; — c'était l'ère du fanatisme de la liberté et de l'orgueil généreux de la gloire.

Maintenant on dit : *le Pays* ; — c'est l'ère des ambitions et des appétits matériels.

    O France ! (Bossuet, Turenne et Louis XIV.)
    O Patrie ! (Mirabeau et Napoléon)
    O Pays ! (X*** X*** X***)
    France répond à l'âme.
    Patrie répond au cœur.
    Pays répond au ventre.

Les hommes vertueux, les beaux génies et les grands citoyens sont de la France.

Les héros superbes sont de la patrie ;

Le reste qui boit, mange, intrigue et compte des gros sous, est du pays »

PARIS, capitale géographique de la France, est la capitale du monde civilisé : elle a cent portes, comme Thèbes ; des jardins suspendus, comme Babylone ; des pyramides, comme Memphis ; des bibliothèques, comme Alexandrie ; des palais, comme Naples ; des arcs-de-triomphe, comme Rome ; des Panthéons, comme Athènes.

Digressions historiques.

ROIS DE FRANCE.

Races		Avénement des Races	Nombre des Rois		Durée des Races	
1re dyn	Mérovingiens.	420	21		332	
2e dyn.	Carlovingiens.	752	13		235	
3e dyn. Capét	Directs.	987	15		341	
	Valois.	1328	13	36	261	843
	Bourbons.	1589	8		241	

1,410

EMPIRE FRANÇAIS.

	Nombre des Votants	Acceptants	Opposants
Vote pour l'empire (1804).	3,524,244	3,521,675	2,569
— (1852).	8,157,752	7,839,552	254,501

Changements de territoire subis par la France sous chacune des races.

La France, qui, sous les descendants de Clovis, comprenait tout pays entre l'Océan, le Rhin, la Manche, les Pyrénées, la Méditerranée et les Alpes, fut augmentée par Charlemagne, qui établit un second empire d'Occident, dont les limites s'étendaient en Allemagne jusqu'aux rivières du Raab et de la Vistule ; en Italie, jusqu'à la Calabre, et en Espagne, jusqu'à l'Ebre. Sous les faibles successeurs de ce prince, l'empire d'Occident se démembra, et la France fut divisée entre une foule de seigneurs appelés grands vassaux, qui devinrent de vrais souverains. A l'avènement de Hugues Capet, en 987, le domaine de la couronne ne comprenait que trois provinces, la Picardie, l'Ile-de-France et l'Orléanais. Les autres provinces y rentrèrent successivement par achat, reversion, cession, mariage ou conquête.

Sous la République, Avignon, la Savoie, la Belgique, la rive gauche du Rhin, le Piémont, Genève furent réunis à la France.

Sous l'Empire, Napoléon y ajouta la Hollande, une partie de l'Italie et de l'Allemagne. Elle fut alors divisée en 150 départements.

Aujourd'hui la France ne conserve, de toutes les conquêtes de la République et de l'Empire, que le comtat d'Avignon et quelques enclaves.

Origine et formation de la langue française.

Aux ve, vi^e et viie siècles, deux langues parlées existent à côté l'une de l'autre, celle des vainqueurs et celle des vaincus. Le jargon qui résulta de la fusion de ces idiomes prit le nom de langue *romane*. Elle tenait du gaulois, du latin et de l'almand, mais principalement du latin. La langue romane s'était divisée en deux dialectes : celui que l'on parlait au Midi (langue d'oc), plus doux, plus harmonieux, n'offrait que des syllabes pleines et sonores; celui du Nord (langue d'oïl), au contraire, plus âpre, moins correct, etait rempli de syllabes sourdes et à moitié muettes. Ce fut cependant ce dernier qui l'emporta sur l'autre, et qui forma la belle et noble langue que nous parlons aujourd'hui.

Pendant les viiie et ixe siècles, la langue française était encore au maillot. Elle ne commença à se denouer et à prenpre son essor que vers la fin du xe.

Fragments divers.

XIe Un hom estait en la terre Us Ki out nom Iob. Parce est dit u li sainz hom domoroit Ke li merites de has vertut soit expresseiz. Quar Ki ne sachet que Us es terre de paiens, et la paienie fut en tant plus enloié (inligatus) de visces, Ke de n'cout la conissance de son faiteor (créateur). Dunkes dict l'om u il demorat par Ke ses loi (louanges) cresset, cant il fut bon entre les malvais.

XIIe Sire, pere qui es ès ciaux, saintefiez soit li tuens nons, auigne li tuens regnes, soit faite la uolonté, si come ele est faite el ciel si soit ele faite en terre. Nostre pain de cascun ior nos donc hui, et pardone nos nos meffais si come nos pardonons à cos qui meffait nos ont. Sire, ne s'offre que nos soions tempté par mauuesse temptation, mes, sire, deliure nos de mal. Amen.

XIII° Or poez savoir que mul esgarderent Constantinople cil qui oneques mais ne lavoient veue ; que ils ne pooient mie cuider que si riche vile peut estre en tot le monde. Cùm ils virent ces halz murs et ces riches tours dont ère close tot entor à la ronde etc.

XIVᵉ Maintes fois avint que en esté, il aloit seoir au bois de Vinciennes après sa messe, et se acostoioit a un chesne et nous fesoit seoir autour li; et tous ceulz qui avoient à faire venoient parler à li, sans destourbier de huissier ne d'autre. Et lors il leur demandoit de sa bouche : A yl ci nullui (Y a-t-il ici quelqu'un) qui ait partie? (Joinville.)

XVᵉ Ledict Seigneur vers la fin de ses jours fist clore tout à l'entour de sa maison du Plessis-lès-Tours de gros barreaultx de fer, et aux quatre coings de sa maison quatre moyneaulx de fer bons, grans et espez... Est-il doncques possible de tenir ung roy pour le garder plus honnestement et en plus estroite prison que luy même se tenoit?

XVIᵉ Or estoit-il lors environ le commencement du printemps que toutes fleurs sont en vigueur, celles des bois, celles des prez, et celles des montaignes; aussi jà commençoient les abeilles à bourdonner, les oyseaux à rossignoler, et les aigneaux à sauteler, les petits moutons bondissoient par les montaignes, les mouches à miel murmuroient par les prairies, et les oyseaux faisoient résonner les buissons de leurs chantz etc. (Montaigne.)

(La langue se fixe définitivement.)

XVIIᵉ Calypso ne pouvoit se consoler du départ d'Ulysse. Dans sa douleur, elle se trouvoit malheureuse d'être immortelle. Sa grotte ne résonnoit plus de son chant : les nymphes qui la servoient n'osoient lui parler. (Fénelon.)

Lorsqu'ils surent parler, les premiers noms qu'ils apprirent à se donner furent ceux de frère et de sœur; l'enfance, qui connaît des caresses plus tendres, ne connaît point de plus doux noms. Leur éducation ne fit que redoubler leur amitié, en la dirigeant vers leurs besoins réciproques. Bientôt tout ce qui regarde l'économie, la propreté, le soin de préparer un repas champêtre fut du ressort de Virginie, etc. (Bernardin de Saint-Pierre.)

Une nuit, j'étais assis auprès du bûcher de la forêt, avec le guerrier commis à ma garde. Tout à coup j'entendis le murmure d'un vêtement sur l'herbe, et une femme à demi-voilée, vint s'asseoir à mes côtés. Des pleurs roulaient sous sa paupière, un petit crucifix d'or brillait à la lueur du feu sur son sein. Elle était régulièrement belle; et l'on remarqua sur son visage je ne sais quoi de vertueux et de passionné dont l'attrait était irrésistible. (Chateaubriand.)

SYSTÈME MÉTRIQUE

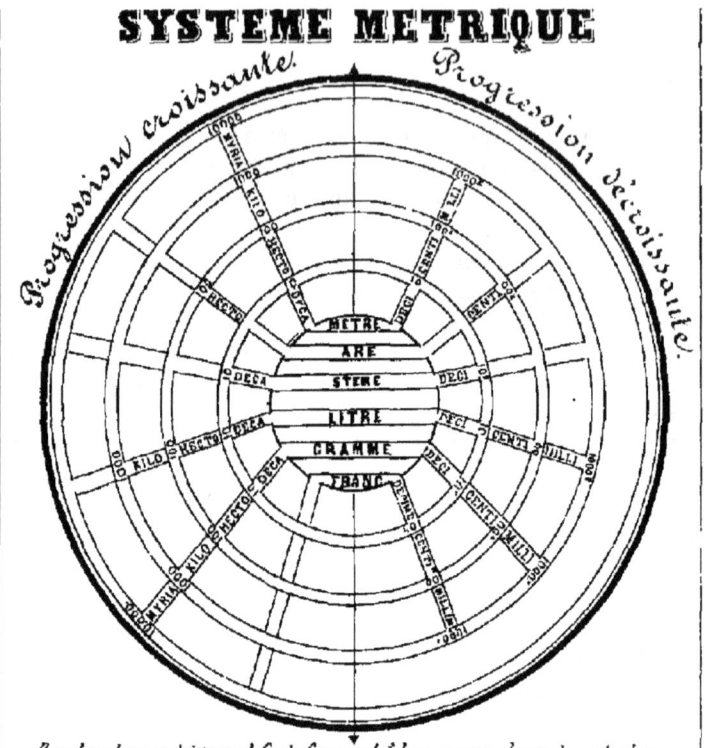

Pour lire dans ce tableau il faut faire précéder les noms des unités placées au centre, des mots Myria, Kilo, Hecto, Deca, d'une part, et d'autre part des mots Deci, Centi, Milli. Le Franc ne se lie à aucun de ces mots. Au lieu de Décifranc, Centifranc &, on dit donc Décime, Centime &.

Les Chiffres dans les ronds expriment à gauche la valeur multiple des unités, et à droite la valeur sous-multiple.

Le Mètre est une longueur qui est contenue 40 millions de fois dans le tour de la terre. Le Mètre sert de base au système métrique. Sa longueur égale 3 pieds 11 lignes ou 4 empans et demi et se trouve ne pas différer de beaucoup de l'aune et de la demi toise.

Relations qui existent entre les mesures métriques

Le Mètre Carré égale 1 Centiare
L'Are égale le décamètre Carré
Le Stère égale 1 Mètre Cube
Le Litre égale 1 Décimètre Cube et son volume d'eau distillée pèse 1 Kilogramme
Le Gramme pèse 1 Centimètre cube d'eau distillée
Un Franc en argent pèse 5 Grammes

ARBRE GÉNÉALOGIQUE
Pour indiquer le degré de Parenté

Souche **ALEXANDRE** *Commune*

Fils — BENOIT — Frères 2.º Degré — BLAISE — *I Degré*

Petit Fils — CHARLES … Neveu 3.ᵈ … Oncle 3.ᵈ avec … Grand Oncle 4.ᵈ … CLAUDE — *II Degré*
Cousin Germ 4.ᵈ … Arrière Grand Oncle 5.ᵈ

Arriere p. Fils — DENIS … Cousin issu de Germ 6.ᵉ D avec … DIDIER — *III Degré*

rière p. Fils — ÉLOI … Cousin au 7.ᵉ D avec … avec … ÉMILE — *IV Degré*
Cousin au 8.ᵉ D avec
Cousin au 9.ᵉ D avec

Fils — FÉLIX … Cousin au 10.ᵉ D avec … FRANÇOIS — *V Degré*
Cousin au 11.ᵉ D avec

STON … Cousin au 12.ᵉ D avec … GUSTAVE *VI Deg*

Les Parents au delà du 12.ᵉ degré ne succedent pas
La disposition intérieure du Tableau est de GARNIER DESCHESNES

DROITS D'ENREGISTREMENT.
Donations entre vifs.

	MEUBLES		IMMEUBLES	
	p. 100	avec déci	p. 100	avec déci
Ligne directe contenant partage...	1 » »	1 10	1 » »	1 10
Ligne directe sans partage { par contrat de mariage	1 25	1 37 1/2	2 75	3 02 1/2
{ hors contrat de mariage	2 50	2 75	4 » »	4 40
Entre époux par contrat de mariage...	1 50	1 65	3 » »	3 30
Entre frères, sœurs, neveux et nièces, { par contrat de mariage	4 50	4 95	4 50	4 95
oncles et tantes. { hors contrat de mariage	6 50	7 15	6 50	7 15
Entre grands oncles, grandes tantes, petits { par cont. de mariage	5 » »	5 50	5 » »	5 50
neveux, petites nièces et cousins germ. { h. cont. de mariage	7 » »	7 70	7 » »	7 70
Au-delà du quatrième degré { par contrat de mariage	5 50	6 05	5 50	6 05
{ hors contrat de mariage	8 » »	8 80	8 » »	8 80
Entre personnes non parentes { par contrat de mariage	6 » »	6 60	6 » »	6 60
{ hors contrat de mariage	9 » »	9 90	9 » »	9 90

Mutations par décès.

En ligne directe...	1 » »	1 10	1 » »	1 10

NOTA — Lorsque les enfants naturels sont appelés à la succession à défaut de parents au degré successible, ils sont considérés, quant à la quotité des droits, comme personnes non parentes.

Entre époux.	3 » »	3 30	3 » »	3 30
Entre frères et sœurs, oncles et tantes, neveux et nièces.	6 50	7 15	6 50	7 15
Entre gr. oncles, gr. tantes, p. neveux, p nièces et cousins germ.	7 » »	7 70	7 » »	7 70
Entre parents au-delà du quatrième degré.	8 » »	8 80	8 » »	8 80
Entre personnes non parentes.	9 » »	9 90	9 » »	9 90

NOTA. — Les alliés sont considérés comme personnes non parentes pour les droits de mutation
L'usufruit s'évalue à la moitié de la valeur entière de l'objet — Pour trouver la valeur de l'objet on multiplie le revenu par 20

DES DÉLAIS POUR LES DÉCLARATIONS DES SUCCESSIONS

Les délais pour l'enregistrement des déclarations de successions sont de six mois à compter du jour du décès

Les mutations de propriété ou d'usufruit par décès sont enregistrées au bureau de la situation des biens.

Les rentes et autres biens meubles sans assiette déterminée lors du décès, sont déclarés au domicile du décédé.

DES PEINES

Ceux qui ne font pas dans les six mois la déclaration des biens transmis par décès, paient un demi-droit en sus de celui de la mutation — Pour les omissions la peine est d'un droit en sus pour celui des objets omis

DES PRESCRIPTIONS

Il y a prescription pour la demande des droits, après deux années, à compter du jour de l'enregistrement, s'il s'agit d'une fausse évaluation dans une déclaration — Après cinq années, s'il s'agit d'une omission de biens dans une déclaration — Après dix ans à compter du jour du décès, pour les successions non déclarées.

Après deux ans pour la demande en restitution de droits irrégulièrement perçus.

USAGES POUR LE DEUIL.

Les grands deuils se partagent en trois temps ou époques la laine, la soie noire et le petit deuil — On ne porte le grand deuil que pour père, mère, grand père, grand'mère, mari, femme, frères et sœurs

Pour père et mère, six mois — Grand'père et grand'mère, quatre mois et demi — Un mari, un an et six semaines — Une femme six mois — Frère et sœur, deux mois — Les oncles et les tantes, trois semaines — Cousins germains, 15 jours — Les oncles à la mode de Bretagne, 11 jours — Les cousins issus de germ. 8 jours

HONORAIRES DUS AUX NOTAIRES.

Les notaires sont divisés, quant aux honoraires, en quatre classes : la première est composée des notaires de Paris, Lyon, Bordeaux et Rouen ; la deuxième, des notaires où siége la cour d'appel ; la troisième, des notaires des villes où siégent les tribunaux de 1re instance, et la quatrième dans les villes et cantons ruraux.

Il ne sera question ici que des trois dernières classes.

Les actes des notaires peuvent se diviser en trois séries : la première est composée des actes portant des valeurs déterminées ou pouvant l'être; la deuxième, des actes qui se rétribuent par vacations ; et la troisième de tous les autres actes.

Les notaires règlent ordinairement leurs honoraires à l'amiable avec leurs clients. Ces honoraires doivent être établis d'après la lettre et l'esprit du chap. VII du tarif des frais et dépens pour les ventes judiciaires, combiné avec le décret du 16 février 1807. Les droits fixés dans ce tarif ont été rendus communs aux notaires par l'art. 172, et doivent décroître dans la proportion que le veut l'art. 115 même tarif.

Pour en rendre l'application aisée, nous avons dressé le tableau ci-après sur un ouvrage de M. Duverger, avocat à la cour d'appel de Paris, ou se trouvent tous les éléments utiles pour l'établissement de ces droits. Sans doute tout ce qui n'est pas réglé par une loi positive ou par le tarif des frais et dépens, ne peut être considéré comme rigoureusement exécutoire ; mais il est la conséquence et dérive des lois et du tarif qui ont fixé la perception des honoraires et des droits des notaires, et lorsqu'il y aura contestation, les parties devront se rappeler que c'est toujours à M. le président du tribunal qu'elles doivent s'adresser pour faire taxer les honoraires des notaires, conformément à l'art. 175 du tarif. Quelques prétentions qu'ils établissent à vouloir se renfermer dans les dispositions de l'art. 51 de la loi de ventôse, ces officiers ministériels n'iront pas jusqu'à vouloir qu'on leur accorde plus que l'art. 115 du tarif, surtout si leurs actes n'ont pas donné lieu à un travail extraordinaire.

PREMIÈRE SÉRIE. — Des droits proportionnels.

Première classe. Ventes et licitations d'immeubles, appartenant à des majeurs présents, faites publiquement aux enchères. — Donations entre collatéraux et étrangers. — Legs de toutes espèces, entre les mêmes personnes.

Deuxième classe. Donations et legs entre époux, hors le contrat de mariage. — Donation et legs par préciput en ligne directe, autres que par contrat de mariage. — Ventes, cessions ou transports d'hérédité, etc. — Echange, sur la valeur de la plus forte part.

Troisième classe. Baux emphytéotique et à vie sur 10 années. — Transports, cessions, ou subrogations de créances. — Obligations avec antichrèse. — Partages anticipés et donations sans préciput en ligne directe, et hors le contrat de mariage.

Quatrième classe. Obligations sans hypothèques. — Marché d'ouvriers, d'entreprises, etc. — Baux à cheptel. — Apprentissages à prix d'argent. — Actes de concordat. — Titres nouvels.

Cinquième classe. Associations commerciales. — Contrats de mariage, sous quelque régime que ce soit. — Baux à ferme ou à loyer, sur le prix cumulé de toutes les années. — Cessions et résiliments des Baux. — Cautionnements de sommes. — Quittances, etc.

DEUXIÈME SÉRIE. — Des droits par vacation.

Actes respectueux. Inventaires. — Partages judiciaires. — Ventes mobilières dites à l'encan. — Transport des notaires aux tribunaux, greffes, pour testaments mystiques ou olographes, etc.

TROISIÈME SÉRIE. — Des droits fixes.

Actes de société sans mises de fonds. Apprentissages ne portant aucunes sommes. — Autorisations quelconques. — Certificats de propriété. — Compromis. — Consentements à mariage, etc. — Décharges et remises pures et simples. — Dissolutions des sociétés. — Mains-levées d'opposition et autres. — Notoriétés et actes d'identités. — Procurations. — Transactions.

Tableau des différents droits.

ACTES		NOTAIRES.	de 10 mille et au dessous	PAR MILLE sur l'excédant de 10 à 50 mille.	sur l'excédant de 50 à 100,000.	sur l'excédant de 100,000.
1re série	1re classe.	2e classe	9 fr. » »	4 fr. 50	2 fr. 25	1 f. 12 1/2
		3e —	6 80	3 40	1 70	85
		4e —	4 60	2 30	1 15	57 1/2
	2e classe.	2e classe	7 20	3 60	1 80	90
		3e —	5 40	2 70	1 35	67 1/2
		4e —	3 60	1 30	» 90	45
	3e classe.	2e classe	5 40	2 70	1 35	67 1/2
		3e —	4 » »	2 » »	1 » »	60
		4e —	2 80	1 40	» 70	35
	4e classe.	2e classe	4 60	1 80	» 90	45
		3e —	2 80	1 40	» 70	35
		4e —	2 » »	1 00	» 50	25
	5e classe.	2e classe.	1 80	» 90	» 45	22 1/2
		3e —	1 40	» 70	» 35	17 1/2
		4e —	1 » »	» 50	» 25	12 1/2
2e série		2e classe.	8 10	Chaque vacation sera de 3 heur au moins et de 4 au plus. Il ne peut être alloué que 3 vac. par jour Lorsque ces actes auront une certaine étendue, il sera perçu une moitié en sus de ces droits.		
		3e —	6 » »			
		4e —	4 » »			
3e série		2e classe	3 50			
		3e —	2 50			
		4e —	2 » »			

Droit d'expédition.
Pour les notaires de 2e classe 2 70 par rôle
— de 3o — 2
— de 4e — 1 50
Chaque rôle doit contenir 25 lignes par page et 15 syllabes par ligne.

Droit de recherche.
Ce droit, ordinairement, est d'un franc par chaque année de recherche.

OBSERVATIONS.

La perception du droit proportionnel suivra les sommes et valeurs de 100 fr. en 100 inclusivement et sans fraction jusqu'à 100,000 fr. Au-dessus de cette somme, on ne suivra les sommes et valeurs que de 1,000 en 1,000 fr.

Lorsqu'il s'agira d'un usufruit ou jouissance de rente ou pension viagère, les droits en seront calculés sur un capital formé de dix fois la valeur de l'usufruit, de la pension ou de la rente viagère, si le capital n'en est pas connu.

Pour les *donations*, l'usufruit étant apprécié à la moitié de la valeur de la nue-propriété, formant par conséquent le tiers du tout, il sera fait déduction d'un tiers sur la valeur des objets dont on n'aura donné que la nue-propriété.

Pour les *testaments*, quelle que soit la forme, les honoraires seront les mêmes. Les droits proportionnels, quelle que soit la valeur des dispositions testamentaires, ne seront jamais au-dessus de 9 fr. pour les notaires de 2e classe; de 6 fr. 80 pour ceux de 3e classe et de 4 fr. 60 pour ceux de 4e classe.

Pour les *contrats de mariage*. Pour régler les honoraires sur ces contrats on réunira à la fortune cumulée des conjoints : 1º la valeur de tout ce qui leur sera donné entre-vifs, par préciput ou non, mais en *ligne directe seulement*, les dons entre-vifs faits par des collatéraux ou des étrangers étant assujettis au droit des donations ordinaires et désignés dans les actes de la 1re classe ; 2º la valeur approximative des institutions contractuelles qui leur seront faites aussi en *ligne directe ;* ou à défaut d'institution, la valeur fictive de la réserve légale de chacun des époux ; dans lesquelles institutions ou réserves on comprendra toujours la valeur des donations éventuelles ou avancement d'hoirie, faites aux conjoints par leurs pères et mères ou autres ascendants dans le même contrat de mariage ; 3º la valeur approximative de toutes les institutions contractuelles et donations éventuelles faites au profit des mêmes par des collatéraux ou par des étrangers.

Ne seront considérées comme éventuelles que les donations des biens présents et à venir, permises par l'art. 1084 du C. N.

C'est sur la réunion de ces choses que les honoraires seront réglés et établis, en suivant le taux porté par les actes de la 5e classe.

Principaux établissements d'instruction spéciale et professionelle.

ECOLES.	SIEGES.	MODE d'admission	AGE d'admission.	PRIX DE LA pension annuelle.	DURÉE DU cours des Etudes.	DESTINATION DES ÉLÈVES
Centrale des arts et manufactures	Paris	par concours	18 ans et au-dessus.	775 fr. (pour l'enseignement annuel seulement)	3 années	Ingénieurs civils — Directeurs d'usines. — Chefs de manufactures — Professeurs de sciences appliquées, etc.
Polytechnique	Paris	Idem.	16 ans au moins et 20 au plus au 1er janvier de l'année du concours.	Pension 1,000 fr. trousseau de 5 à 600 fr.	2 années.	Ils sont destinés aux services ci-après : l'artillerie de terre — l'artillerie de mer — le génie militaire — le génie maritime — la marine impériale — le corps des ingénieurs hydrographes — le commissariat de la marine — les ponts-et-chaussées — les mines — le corps d'état-major — les poudres et salpêtres — l'administration des tabacs, etc.
Spéc. militaire	St-Cyr	Idem.	Idem	1,500 fr. trousseau de 6 à 700 fr.	2 années.	Ils sont destinés à former des officiers pour l'infanterie — la cavalerie — le corps d'état major — l'infanterie de marine.
Navale Impériale	Brest	Idem	de 14 au moins et 17 au plus au 1er janvier de l'année du concours.	700 fr. trousseau de 500 fr	2 années.	Officiers de marine.
Forestière	Nancy	Idem.	19 ans accomplis et moins de 22 au 1er novembre de l'année du concours.	1,500 fr.	2 années	Gardes généraux

Fonctionnaires et autres personnes auxquels tout particulier *peut adresser lettres, placets, etc.*, sans condition d'affranchissement, *ni de contre-seing.*

Dans tout l'Empire :
- I. Famille impériale.
- II. Maison de l'Empereur.
- III. Le Président du Sénat.
  - Le Président du Corps Législatif.
  - Le grand référendaire du Sénat.
  - Le grand chancelier de la Légion-d'Honneur.
  - Les ministres secrétaires d'état à département.
  - Les sous-secrétaires d'état des départements ministériels
  - Le président du conseil-d'état
  - Le vice président du conseil-d'état.
  - Le Président du contentieux du conseil-d'état
  - Le premier président de la cour des comptes.
  - Le premier président de la cour de cassation
  - Le procureur-général de la cour de cassation
  - Le procureur-général de la cour des comptes.
  - Le commandant de la 1re division militaire.
  - Le Préfet de Police.
  - Les directeurs-généraux des diverses administrations
  - Le directeur-général des lignes télégraphiques.
  - Le directeur du personnel au ministère de la guerre.
  - Le directeur-géné. de l'administ. de la caisse d'amortissement et de la caisse des dépôts et consignations.
  - Le secrétaire-général du conseil-d'état.
  - Le gouverneur-général de l'Algérie
- IV Le Préfet de la Seine (*Circonscription de la Seine*),
  - Les procureurs-généraux (*Cour impériale.*)
  - Les procureurs impériaux près les cours d'assises.
  - Les procureurs impériaux près les tribunaux de 1re instance

N. B — Ces lettres doivent être présentées sous enveloppe ou sous bande

Orthographe et prononciation de quelques noms propres de villes et de personnes.

Orthographe.	Prononciation.	Orthographe	Prononciation
Aix	Aisse.	Machiavel	Makiavel.
Auxerre	Ausserre.	Michel-Ange	Mikelange.
Auxonne	Aussone.	Montaigne	Montagne.
Bruxelles	Brusslè	Newton	Neuton
Caen	Kan.	Regnard	Renard.
Cagliostro	Caliostro	Rouen	Rouan.
Du Gueschn	Duguéclin.	Shakespeare	Chekspir.
De Wailly	Douâilli.	Sully.	Suilli
Guise	Guise.	Suez.	Suesse.
Gessner	Guesner.	Vashinghton	Vazington.
Laws	Lâsse	Xénophon	Zénophon
Laon	Lan	Xerxès	Gzersesse.

Culture des Céréales.

RÉCOLTES.	SEMENCE par hectare.	RENDEMENT par hectare.	Quint. métr par hectare des pailles.	Poids moyen de l'hectolitre.	Prix moyen de l'hectolitre.	Prix moyen du quint. mét. des pailles.	Produit brut de l'hectare.	Produit net de l'hectare.
Blé.	2 hect.	14 hectol.	20	75 kil.	16 fr.	2 fr.	264 fr.	80 fr.
Seigle. . . .	2 —	13 —	20	70 —	11	1 50	173	30
Avoine. . . .	3 —	16 —	12	47 —	8	2	152	50
Maïs.	— 50 l.	16 —	10	67 —	9	1	154	60
Pommes de terre.	7 —	55 —	»	62 —	2 50	»	137 50	40
Vigne. . . .	»	15 —	«	—	10	»	165	40

ENGRAIS MINÉRAUX.

La chaux { Ses bons effets se font sentir sur les terrains froids et humides où la fermentation a peu d'activité ; elle rend les sols siliceux plus consistants, et divise les sols argileux. } On la transporte dans les terres en sortant du four. (Avril).

Le plâtre { Sur les terrains argileux et froids. Cette substance agit avec moins d'activité que la chaux, mais ses propriétés sont du reste à peu près semblables. — Il opère prodigieusement sur les prairies artificielles. — Les plâtrages doivent être exécutés au printemps, et quand l'atmosphère est calme. } On l'emploie ordinairement en poussière. 325 kilogrammes par hectare.

NOTA. — On amende les terres, non seulement par le mélange de matières qui agissent chimiquement, telles que la chaux, le plâtre, etc., mais aussi par le mélange de celles dont l'influence est presque exclusivement physique, comme le sable, l'argile, les marnes, etc. C'est ce mélange bien combiné qui donne aux terres, avec le concours des influences atmosphériques, le degré de porosité nécessaire, tant pour la libre circulation des eaux et des sucs terreux, que pour que les racines des végétaux puissent s'étendre facilement en tout sens.

ENGRAIS VÉGÉTAUX

Les cendres { à } — Sur les terres argileuses trop compactes, par leur propriété de diviser la terre et de la rendre plus légère. { Ces engrais n'exigent qu'un léger labour.
Les tourbes { l'état } — Sur les terres très-chaudes
La suie { brûlé. } — Sur les terres humides, les bas-fonds où il s'agit d'empêcher l'envahissement des mousses — Elle s'emploie telle qu'on la recueille
Les plantes, les feuilles, les chaumes, etc (en fermentation) — Sur toutes les espèces de sol — On doit les employer avant leur entière décomposition
Les récoltes enterrées en vert, surtout au moment de la floraison, donnent à la terre une fertilité prodigieuse.

FUMIERS.

Fumier des chevaux. { Chaud et plein de sels. } On l'emploie de préférence dans les terres compactes, et fortes, froides ou humides. — Les terrains argileux les exigent moins décomposés que les terrains pulvérisés.

de bœuf ou de vache. { Gras et rafraîchissant } — dans les terres légères, sablonneuses ou crayeuses — On les enterre profondément pour les plantes à racines pivotantes ; légèrement pour les autres

de mouton ou brebis. { Salin et graisseux } — dans les terres faibles et froides — Les fumiers d'été sont préférables à ceux d'hiver.

PRODUIT D'UN HECT.

ENGRAIS ORDINAIRES

ANIMAUX REPRODUCTEURS

ESPECES	TERME de la croissance.	TEMPS LE PLUS PROPICE		DUREE ORDINAIRE		FORMES ET QUALITÉS requises pour ces animaux
		à la production.	pour la saillie.	de la gestation	de la vie.	
Juments..	36 mois	de 4 à 12 ans	avril, mai, juin	330 jours	20 à 25 ans	Bassin ample et bien conformé, — ventre développé, — la base de la queue relevée et la vulve longue et large, — mamelles grosses et fermes, — pas trop grasses, — patientes
Anesses..	30 —	3 à 10 —	avril et mai	380 —	15 à 20 —	Crâne développé, — corsage et ventre amples, — bassin large, — membres beaux.
Vaches...	36 —	2 1/2 à 12 —	en tout temps	270 —	15 à 20 —	Front ouvert, — cornes brunes, — bassin ample, — corsage long, — beaucoup d'encolure, fanon grand, — jambes courtes, — pis gros, — queue longue et touffue, — allure ferme et sûre.
Brebis..:	20 —	2 à 7 —	août et septemb.	150 —	10 à 15 —	Taille large, — poitrine ample, — côtes écartées — bien fournies de laine.
Chèvres..	30 —	2 à 7 —	octob. et novem.	150 —	10 à 15 —	Corps allongé et grand, — bassin ample, — croupe large, — poil doux, — démarche légère.
Truies...	24 —	1 à 6 —	février et mars.	126 —	10 à 15 —	Corps long et cylindrique, — muscles développés, — poitrine large, — oreille grande et pendante.

Amélioration des races.

Le moyen le moins coûteux, le plus sûr et le plus prompt d'atteindre ce but, c'est le croisement par le mâle. Celui-ci transmet plus spécialement que la femelle les formes externes, surtout celles de ses extrémités antérieures ; tandis que la femelle transmet plus spécialement que le mâle les organes internes et les formes externes qu'ils modifient, comme celles du tronc et de la croupe. La femelle a une plus grande influence sur la taille des produits, et surtout sur celle des produits féminins. On doit éviter d'allier un étalon grand avec une femelle petite, tandis qu'il n'y a point d'inconvénient à allier un petit étalon avec une grande femelle. Cependant les alliances disproportionnées sont toujours chanceuses, et donnent ordinairement des membres décousus.

L'étalon doit être jeune ; s'il est vieux il ne féconde pas toujours ; il transmet les tares anciennes et les formes de la vieillesse. La femelle doit avoir acquis son parfait développement. La race du mâle doit être plus ancienne que celle de la femelle, il est même bon que celle-ci n'ait point de race. Si elle appartient à un type ancien et constant, on a à vaincre l'influence des siècles ; lorsqu'elle provient de mélanges variés, on n'a souvent à vaincre que l'influence d'un jour. Dans tout croisement, il y a lutte entre deux puissances ; la plus ancienne et la mieux fondée l'emporte toujours. (Extrait)

Vices Rédhibitoires.

Espèce chevaline { Fluxion périodique des yeux — Épilepsie ou le mal caduc — Morve — Farcin — Maladies anciennes de poitrine ou vieille courbature — Immobilité — Pousse — Cornage chronique — Tic sans usure des dents — Hernies inguinales intermittentes — Boiterie intermittente pour cause de vieux mal

Espèce bovine. { La phthisie pulmonaire ou pommelière — l'épilepsie ou mal caduc — les suites de la délivrance — le renversement du vagin ou de l'utérus, après le port chez le vendeur.

Espèce ovine. { La clavelée (Cette maladie reconnue chez un seul animal, entraîne la rédhibition de tout le troupeau. La rédhibition n'aura lieu que si le troupeau porte la marque du vendeur.) — Le sang de rate (Cette maladie n'entraînera la rédhibition du troupeau qu'autant que dans le délai de la garantie, sa perte constatée s'élèvera au moins au quinzième des animaux achetés. Dans ce dernier cas, la rédhibition n'aura lieu également que si le troupeau porte la marque du vendeur.)

Le délai pour intenter l'action rédhibitoire sera, non compris le jour fixé pour la livraison, de trente jours pour le cas de fluxion périodique des yeux et d'épilepsie ou mal caduc, de neuf jours pour tous les autres cas. Toutefois, si la livraison de l'animal a été effectuée, ou s'il a été conduit dans les délais ci-dessus, hors du domicile du vendeur au lieu où l'animal se trouve, les délais seront augmentés d'un jour par cinq myriamètres de distance du domicile du vendeur au lieu où l'animal se trouve. — NOTA. Les animaux morts doivent être enfouis à 13 décimètres de profondeur, et dans la journée même.

CLASSEMENT DES PAILLES		PRODUIT d'un hectare en fourrage		PLANTES qu'on doit extirper dans les prairies		
Comme fourrage.	Comme litière			Comme dangereuses	Comme nuisibles	Comme inutiles
1 Paille de millet	1 Paille de colza.	luzerne { verte.. 26,200 l		La colchique ou tue chien	Les joncs	L'orvale.
2 — de maïs	2 — de vesce.	{ sèche. 5,504		La persicaire brûlante.	Les spartianium.	Le vertar ou herbe au chantre
3 — de lentille	3 — de sarrasin	trèfle { verte. 23,890		La tabèle	Le bouillon blanc	Le pissenlit
4 — de vesce.	4 — de fèves.	{ sèche 4,998		La prèle ou queue de cheval	Les fougères.	La lyzimachie.
5 — de pois.	5 — de lentilles	h des prés { ver 13,300		La ciguë.	Le jacobée	La mauve
6 — de fèves	6 — de millet	{ sec 2,793		La pédiculaire.	L'ulmaire.	La marulée
7 — de colza	7 — de pois.			Les tithymales.		Le millepertuis
8 — d'orge	8 — d'orge			Certaines renoncules telles que la scélérate, la douve, etc.	Comme épineuses	La vipérine.
9 — de seigle.	9 — de froment				Les chardons	Les plantains
10 — de froment	10 — de seigle				L'arrête-bœuf.	Les campanules
11 — d'avoine.	11 — de maïs				La bardane.	Les liserons
12 — de sarrasin.	12 — d'avoine.					

ORIGINE DES FÊTES ET PROCESSIONS

ET DE QUELQUES OBJETS SERVANT AU CULTE CATHOLIQUE.

Autel. La table sur laquelle le divin Sauveur institua l'Eucharistie fut le premier autel. Les premiers autels étaient de bois, et l'on conserve encore à Rome l'autel de bois sur lequel saint Pierre a célébré la messe. L'an 514, saint Sylvestre dressa le premier autel de pierre, se fondant sur ce que dit l'Ecriture sainte que Jésus-Christ est la pierre angulaire de l'Eglise. — Les plus beaux autels appartiennent aux cathédrales de Milan et de Rome. Au-dessous du maître autel de Rome est le tombeau qui renferme le corps du prince des apôtres.

Bénitier. Auprès des anciennes églises il y avait des fontaines où on se lavait les mains, dans une intention symbolique, avant d'entrer dans le saint lieu. Nos bénitiers actuels sont un précieux souvenir de ces fontaines. — Les églises Saint-Sylvestre à Rome, et Saint-Sulpice à Paris possèdent les plus beaux.

Calice. Le calice est aussi ancien que le christianisme, puisque c'est dans une coupe que le Sauveur consacra son sang et le donna à ses apôtres.

Cendres. Dans la plus haute antiquité, on se couvrait la tête de cendres pour exprimer une grande affliction. Le prophète royal expie dans la cendre ses iniquités. Les Ninivites à la prédication de Jonas, se couvrent la tête de cendres. Les pieux fidèles, pour marquer leur profond repentir, se présentaient au commencement du carême, couverts de cendre. En 1091, l'obligation en fut imposée à tous les chrétiens.

Chapelet. On appelait au xive siècle un chapel ou chapelet de roses une couronne faite de ces fleurs, et que l'on plaçait sur la tête en forme de chapeau. Ce terme est donc identique avec celui de Rosaire, *Rosarium*, couronne de roses. Notre chapelet est une imitation de cette couronne de roses dont chacune est figurée par un grain. On pense que Pierre l'Hermite qui était prédicateur des Croisades en fut l'inventeur (1090) pour faciliter aux croisés qui ne savaient pas lire le moyen de prier Dieu. — La dévotion du Rosaire fut fondée par saint Dominique au commencement du xiiie siècle.

Cimetières. Les cimetières furent établis l'an 200, par le pape Jean VII. Avant ce temps, on enterrait sur les grands chemins pour engager les passants à prier pour les morts.

CLOCHES. L'an 415, les cloches furent fondées par Paulin, évêque de Nole, en Campanie. C'est pourquoi les anciens auteurs donnent à la cloche le nom de Nolana ou de Campana. — La plus grosse des cloches est celle du couvent de la Trinité près Moscou, et que les Russes nomment l'*Empereur des bourdons*. Elle fut fondée en 1746. Il y est entré 170 kilogr. de métal. Sa circonférence est de 14 mètres. On pourrait faire de cet énorme bourdon 56 grosses cloches. — Le bourdon de Saint-Pierre du Vatican et celui de Notre-Dame de Paris sont ensuite ceux qui pèsent le plus.

CROIX. Etendard du christianisme. La croix où le divin Sauveur fut crucifié était de cèdre ; on en conserve une belle portion dans les églises de Poitiers et de Paris. La découverte de cette croix eut lieu en 326, par les soins de sainte Hélène, mère de Constantin. On possède à Rome l'inscription qui fut placée sur la croix du Sauveur (les mots Jésus et *Judæorum* sont effacés), l'éponge, la lance et l'un des clous du crucifiement. — L'Eglise célèbre deux fêtes dites de la croix : l'Invention, le 3 mai, et l'Exaltation le 14 septembre.

EGLISE. La première église fut un oratoire que le pape saint Anaclet érigea sur le tombeau de saint Pierre. La basilique qui s'élève en cet endroit est la merveille de Rome et de l'univers. Elle n'a pas coûté moins de 350 millions.

FÊTES. Les fêtes de l'*Ascension*, de l'*Epiphanie*, de *Noël*, de *Pâques* et de la *Pentecôte* étaient solennisées dès le commencement du christianisme. — Celle de l'Assomption remonte au-delà du VIe siècle. — Celle de la *Fête-Dieu* était célébrée au XIIIe, mais l'usage d'exposer le Saint-Sacrement et de le porter en procession, n'est établi que depuis environ trois siècles. — Celle de la Toussaint date du VIIe siècle. Celle de la Trinité, du IXe.

JUBILÉ. L'institution du Jubilé eut lieu l'an 1300. — Le grand Jubilé est celui qui s'accorde tous les vingt-cinq ans.

MESSE. L'institution de l'ordre de la messe remonte à saint Pierre, auquel on ajouta dans la suite quelques autres prières ; mais son complet développement n'eut lieu que vers la fin du VIe siècle.

MOIS DE MARIE. Cette dévotion prit naissance en Italie dans le dernier siècle.

OSTENSOIR. Les ostensoirs tels qu'on les connait aujourd'hui ne remontent pas au-delà du xiv⁰ siècle. Avant ce temps on usait d'une montre, laquelle consistait en une boîte garnie d'un verre sur le devant, et surmontée d'une petite croix. — Le plus riche ostensoir du monde appartient à la cathédrale d'Aischtet en Allemagne. Il pèse 40 marcs d'or, est enrichi de 350 diamants, de 1400 perles, de 250 rubis, et de plusieurs autres pierres précieuses.

Patrons. Les principaux patrons sont ceux des églises épiscopales. Sur les 81 cathédrales de France, 31 sont sous l'invocation de la sainte Vierge; 12 sous celle de saint Etienne, premier martyr; 12 portent le titre de saint Pierre, saint Jean l'Evangéliste, saint André et Philippe; 4 celui de saint Jean-Baptiste. Les 22 autres sont dédiées à Dieu, sous le vocable de différents saints. Sur ces dernières, 3 ont saint Louis, roi de France, pour patron.

Processions { Les processions étaient en usage sous la loi de Moïse, témoins celles de David et de Salomon pour transporter l'arche d'alliance a Jérusalem. — Celle de l'*Ascension*, représente la marche des disciples du Sauveur vers la montagne d'où il s'éleva dans le ciel. — Celle de l'*Assomption* est en exécution du vœu de Louis XIII, qui mit la France sous la protection de la sainte Vierge. — Celle du *dimanche*, avant la messe, est en commémoration de celle des saintes femmes au tombeau de Jésus-Christ. — Celle de *Pâques*, avant la messe, est en mémoire du voyage que les apôtres et les disciples firent en Galilée. — Celle de la *Purification* représente la marche de Marie et de Joseph pour se rendre au temple. — Celle des *Rameaux*, est une représentation commémorative de l'entrée triomphante de Jésus-Christ dans Jérusalem. — Celles des *Rogations*, furent établies au v⁰ siècle, pour faire cesser les divers fléaux qui désolaient le Dauphiné. — Celle de *saint Marc*, fut instituée au vi⁰ pour éloigner la peste qui désolait Rome. Les processions des *Rogations* et de *saint Marc* s'étant renouvelées, chaque année, en actions de grâces, furent dans la suite adoptées par l'Eglise, afin de préserver notre vie et nos biens de tous fléaux.

QUATRE-TEMPS. L'an 221, saint Caliste, 17ᵉ pape, institua le jeûne des Quatre-Temps, suivant la prophétie de Zacharie.

SACRÉ-CŒUR. Cette dévotion fut révélée à la vénérable Marguerite-Marie, religieuse française de la Visitation, qui vivait au XVIIᵉ siècle.

SCAPULAIRE. Cette dévotion fut inspirée à Simon Stock, supérieur des Carmes au XIIᵉ siècle.

LE CHRIST ET L'EMPEREUR.

Le fragment suivant fit une telle sensation à son apparition, il y a de cela quelques années, que nous sommes persuadé qu'on le retrouvera ici avec plaisir : il emprunte d'ailleurs aux circonstances actuelles un intérêt tout particulier. Il contient la pensée intime de Napoléon Iᵉʳ sur le christianisme et particulièrement sur la divinité de l'Homme-Dieu manifestée dans une de ses conversations avec le général Bertrand.

« Il est vrai que le Christ propose à notre foi une série de mystères Il commande avec autorité d'y croire sans donner d'autres raisons que cette parole épouvantable : *Je suis Dieu.*

Sans doute, il faut la foi pour cet article-là, qui est celui duquel dérivent tous les autres articles Mais le caractère de la divinité du Christ une fois admis, la doctrine chrétienne se présente avec la précision et la clarté de l'algèbre ; il faut y admirer l'enchaînement et l'unité d'une science.

Appuyée sur la Bible, cette doctrine explique le mieux les traditions du monde ; elle les éclaircit, et les autres dogmes s'y rapportent étroitement comme les anneaux scellés d'une même chaîne L'existence du Christ d'un bout à l'autre est un tissu tout mystérieux, j'en conviens, mais ce mystère répond à des difficultés qui sont dans toutes les existences, rejetez-le, le monde est une énigme ; acceptez-le, vous avez une admirable solution de l'histoire de l'homme.

Le christianisme a un avantage sur tous les philosophes et sur toutes les religions : les chrétiens ne se font pas illusion sur la nature des choses On ne peut leur reprocher ni la subtilité ni le charlatanisme des idéologues, qui ont cru résoudre la grande énigme des questions théologiques avec de vaines dissertations sur ces grands objets Insensés, dont la folie ressemble à celle d'un enfant qui veut toucher le ciel avec sa main, ou qui demande la lune pour son jouet ou sa curiosité. Le christianisme dit avec simplicité : *Nul homme n'a vu Dieu, si ce n'est Dieu.* Dieu a révélé ce qu'il était ; sa révélation est un mystère que la raison ni l'esprit ne peuvent concevoir. Mais puisque Dieu a parlé, il faut y croire. Cela est d'un grand bon sens.

L'Évangile possède une vertu secrète, je ne sais quoi d'efficace, une chaleur qui agit sur l'entendement et qui charme le cœur ; on éprouve à le méditer, ce qu'on éprouve à contempler le ciel L'Évangile n'est pas un livre, c'est un être vivant, avec une action, une puissance, qui envahit tout ce qui s'oppose à son extension. Le voici sur cette table, ce livre par excellence (et ici l'Empereur le toucha avec respect) ; je ne me lasse pas de le lire, et tous les jours avec le même plaisir.

Le Christ ne varie pas, il n'hésite jamais dans son enseignement, et la moindre affirmation de lui est marquée d'un cachet de simplicité et de profondeur qui captive l'ignorant et le savant, pour peu qu'ils y prêtent leur attention.

Nulle part on ne trouve cette série de belles idées, de belles maximes morales, qui défilent comme les bataillons de la milice céleste, et qui produisent dans notre âme le même sentiment que l'on éprouve à considérer l'étendue infinie du ciel resplendissant, par une belle nuit d'été, de tout l'éclat des astres

Non-seulement notre esprit est préoccupé, mais il est dominé par cette lecture, et jamais l'âme ne court risque de s'égarer avec ce livre.

Une fois maître de notre esprit, l'Evangile fidèle nous aime. Dieu même est notre ami, notre père, et vraiment notre Dieu Une mère n'a pas plus de soin de l'enfant qu'elle allaite L'âme séduite par la beauté de l'Evangile ne s'appartient plus. Dieu s'en empare tout-à-fait ; il en dirige les pensées et toutes les facultés, elle est à lui.

Quelle preuve de la divinité du Christ ! Avec un empire aussi absolu, il n'a qu'un seul but, l'amélioration spirituelle des individus, la pureté de la conscience, l'union à ce qui est vrai, la sainteté de l'âme.

Enfin, et c'est mon dernier argument, il n'y a pas de Dieu dans le ciel, si un homme a pu concevoir et exécuter, avec un plein succès, le dessein gigantesque de dérober pour lui le culte suprême, en usurpant le nom de Dieu. Jésus est le seul qui l'ait osé, il est le seul qui ait dit et affirmé imperturbablement lui-même de lui-même : *Je suis Dieu*, ce qui est bien différent de cette affirmation : *Je suis un Dieu* ou de cette autre : *Il y a des dieux* L'histoire ne mentionne aucun autre individu qui se soit qualifié lui-même de ce titre de Dieu dans le sens absolu. La fable n'établit nulle part que Jupiter et les autres dieux se soient eux-mêmes divinisés. C'eût été de leur part le comble de l'orgueil, et une monstruosité, une extravagance absurde. C'est la postérité, ce sont les héritiers des premiers despotes qui les ont déifiés

Tous les hommes étant d'une même race, Alexandre n'a pu se dire le fils de Jupiter. Mais toute la Grèce a souri de cette supercherie ; et de même l'apothéose des empereurs romains n'a jamais été une chose sérieuse pour les Romains Mahomet et Confucius se sont donnés simplement pour des agents de la Divinité. La déesse Egérie de Numa n'a jamais été que la personnification d'une inspiration puisée dans la solitude des bois Les dieux Brama, de l'Inde, sont une innovation psychologique.

Comment donc un juif, dont l'existence historique est plus avérée que toutes celles des temps où il a vécu, lui seul, fils d'un charpentier, se donne-t-il tout d'abord pour Dieu même, pour l'être par excellence, pour le créateur de tous les êtres. Il s'arroge toutes les sortes d'adorations. Il bâtit son culte de ses mains, non avec des pierres, mais avec des hommes On s'extasie sur les conquêtes d'Alexandre. Eh bien ! voici un concurrent qui confisque à son profit, qui unit, qui incorpore à lui-même, non pas une nation, mais l'espèce humaine. Quel miracle ! L'âme humaine, avec toutes ses facultés, devient une annexe avec l'existence du Christ.

Et comment ! Par un prodige qui surpasse tout prodige Je veux l'amour des hommes, c'est-à-dire ce qu'il est le plus difficile au monde d'obtenir : ce qu'un sage demande vainement à quelques amis, un père à ses enfants, une épouse à son époux, un frère à son frère, en un mot, le cœur : c'est là ce qu'il veut pour lui, il l'exige absolument, et il réussit tout de suite. J'en conclus la divinité. Alexandre, César, Annibal, Louis XIV, avec tout leur génie, y ont échoué. Ils ont conquis le monde, ils n'ont pu parvenir à avoir un ami. Je suis peut-être le seul de nos jours qui aime Annibal, César, Alexandre... Le grand Louis XIV, qui a déjà tant d'éclat sur la France et dans le monde, n'avait pas un ami dans tout son royaume, même dans sa famille. Il est vrai que nous aimons nos enfants : pourquoi? Nous obéissons à un instinct de la nature, à une volonté de Dieu, à une nécessité que les bêtes elles-mêmes reconnaissent et remplissent ; mais combien d'enfants qui restent insensibles à nos caresses, à tant de soins que nous leur prodiguons, combien d'enfants ingrats ? Vos enfants, général Bertrand, vous aiment-ils ? Vous les aimez, et vous n'êtes pas sûr d'être payé de retour... Ni vos bienfaits, ni la nature ne réussiront jamais à leur inspirer un amour tel que celui des chrétiens pour Dieu ! Si vous veniez à mourir, vos enfants se souviendraient de vous en dépensant votre fortune, sans doute ; mais vos petits-enfants sauraient à peine si vous avez existé.... Et vous êtes le général Bertrand. Et nous sommes dans une île, et vous n'avez d'autre distraction que la vue de votre famille.

Le Christ parle, et désormais les générations lui appartiennent par des liens plus étroits, plus intimes que ceux du sang ; par une union plus sacrée, plus impérieuse que quelque union que ce soit. Il allume la flamme d'un amour qui fait mourir l'amour de soi qui prévaut sur tout autre amour.

A ce miracle de sa volonté, comment ne pas reconnaître le verbe créateur du monde ?

Les fondateurs de religion n'ont pas même eu l'idée de cet amour mystique, qui est l'essence du christianisme, sous le beau nom de charité.

C'est qu'ils n'avaient garde de se lancer contre un écueil. C'est que dans une opération semblable, *se faire aimer*, l'homme porte en lui-même le sentiment profond de son impuissance.

Aussi, le plus grand miracle du Christ, sans contredit, c'est le règne de la charité.

Lui seul il est parvenu à élever le cœur des hommes jusqu'à l'invisible, jusqu'au sacrifice du temps ; lui seul, en créant cette innovation, a créé un lien entre le ciel et la terre.

Tous ceux qui croient sincèrement en lui ressentent cet amour admirable, surnaturel, supérieur ; phénomène inexplicable, impossible à la raison et aux forces de l'homme ; feu sacré donné à la terre par ce nouveau Prométhée, dont le temps, ce grand destructeur, ne peut ni user la force ni limiter la durée. Moi, Napoléon, c'est ce que j'admire davantage, parce que j'y ai pensé souvent. Et c'est ce qui me prouve absolument la divinité du Christ !!!

J'ai passionné des multitudes qui mouraient pour moi. A Dieu ne plaise que je forme aucune comparaison entre l'enthousiasme des soldats et la charité chrétienne, qui sont aussi différents que leur cause.

Mais, enfin, il fallait ma présence, l'électricité de mon regard, mon accent, une parole de moi ; alors j'allumais le feu sacré dans les cœurs. Certes, je possède le secret de cette puissance magique qui enlève l'esprit, mais je ne saurais le communiquer à personne ; aucun de mes généraux ne l'a reçu ou deviné de moi : je n'ai pas davantage le secret d'éterniser mon nom et mon amour dans les cœurs, et d'opérer des prodiges sans le secours de la matière.

Maintenant que je suis à Ste-Hélène... maintenant que je suis seul et cloué sur ce roc, qui bataille et conquiert des empires pour moi ? Où sont les courtisans de mon infortune? Pense-t-on à moi? Qui se remue pour moi en Europe? Qui m'est demeuré fidèle? Où sont mes amis! Oui, deux ou trois que votre fidélité immortalise, vous partagez, vous consolez mon exil. »

Ici la voix de l'Empereur prit un accent particulier d'ironique mélancolie et de profonde tristesse.

« Oui, notre existence a brillé de tout l'éclat du diadème et de la souveraineté ; et la vôtre, Bertrand, réfléchissait cet éclat, comme le dôme des Invalides, doré par nous, réfléchit les rayons du soleil .. Mais les revers sont venus ; l'or peu à peu s'est effacé. La pluie du malheur et des outrages dont on m'abreuve chaque jour en emporte les dernières parcelles. Nous ne sommes plus que du plomb, général Bertrand, et bientôt je serai de la terre.

Telle est la destinée des grands hommes! Telle a été celle de César et d'Alexandre, et l'on nous oublie! et le nom d'un conquérant comme celui d'un empereur n'est plus qu'un thème de collége! Nos exploits tombent sous la férule d'un pédant qui nous insulte ou nous loue.

Que de jugements divers on se permet sur le grand Louis XIV ! A peine mort, le grand roi lui-même fut laissé seul, dans l'isolement de sa chambre à coucher de Versailles négligé par ses courtisans, et peut-être l'objet de la risée. Ce n'était plus leur maître! c'était un cadavre, un cercueil, une fosse, et l'horreur d'une imminente décomposition.

Encore un moment. — Voilà mon sort et ce qui va m'arriver à moi-même.. Assassiné par l'oligarchie anglaise, je meurs avant le temps, et mon cadavre va aussi être rendu à la terre pour y devenir la pâture des vers ..

Voilà la destinée très-prochaine du grand Napoléon. Quel abîme entre ma misère profonde et le règne éternel du Christ, prêché, encensé, aimé, adoré, vivant dans tout l'univers. . Est-ce là mourir? N'est-ce pas plutôt vivre? Voilà la mort du Christ, voilà celle de Dieu. »

L'Empereur se tut, et comme le général Bertrand gardait également le silence : « Vous ne comprenez pas, reprit l'Empereur, que Jésus-Christ est Dieu? Eh bien ! j'ai eu tort de vous faire général ! .. »

Dates des principales inventions.

Le gnomon, date de	1109	Le papier de coton, en	750
La peinture de	840	L'alcool, en	824
L'équerre et le niveau, de	718	L'imprimerie, en Chine, dès	939
Le cadran solaire, de	520	Les chiffres arabes, en France,	960
Les tapisseries, à Pergame, de	321	L'horloge de Gerbert, en	992
Les horloges d'eau, en Egypte, de	250	Les notes de musique, en	1024
Les orgues hydrauliques, de	234	Les armoiries, en	1150
La vis sans fin, les miroirs ardents et la poulie mobile, de	220	Le papier de toile, en	1170
		La poudre à canon, en	1294
Le papier de soie, en Chine, de	201	Les lunettes, en	1286
La mosaïque, de	200	Les canons, en	1338
La découverte de la précession des équinoxes,	142	L'étamage des glaces,	1346
		Les mortiers,	1346
Depuis Jésus-Christ :		La gravure en creux, en	1410
Le système astronomique de Ptolémée,	140	La peinture à l'huile, en	1415
		L'imprimerie en lettres, en	1450
Les moulins à vent (Arabie), en	650	La pompe à air, en	1456
Le feu grégeois, en	670	Les estampes, en	1458

— 38 —

L'Amérique, en	1492	La presse hydraulique, en	1637
Le système de Copernic, en	1500	La machine pneumatique, en	1651
La mesure de l'arc du méridien,	1528	La théorie de la pesanteur uni-	
La projection des cartes marines,		verselle, en	1666
en	1591	Le ressort spécial des montres,1674	
Le sucre de betterave, en	1605	La vitesse de la lumière, en	1675
Les logarithmes, en	1608	Le calcul différentiel, en	1684
La circulation du sang, en	1609	Le bleu de Prusse, en	1724
Le télescope, en	1609	Le moulage en plâtre, en	1740
Les vraies lois du système du		Le paratonnerre, en	1757
monde, ou lois de Képler, en 1610		L'aérostat, en	1783
Les lunettes à deux verres con-		Le magnétisme animal, en	1783
vexes, en	1611	Les panoramas, en	1790
Le microscope et le thermomètre,1621		Le télégraphe aérien, en	1792
Les lois de la réfraction, en	1620	Le galvanisme, en	1798
Le baromètre, en	1626	La vaccine, en	1800

Les découvertes et inventions si nombreuses de nos jours, sont venues changer, en quelque sorte, la face du monde. Une cinquième partie de la terre, l'Australie, a été découverte et s'est peuplée ; un sixième continent vient d'être aperçu dans les glaces du pôle antarctique. — Les distances se sont abrégées : Marseille n'est plus qu'à dix-huit heures de Paris ; en quelques minutes on peut correspondre d'une capitale à l'autre. A un moment donné, le piano de notre salon, peut s'animer et rendre un morceau de Béthowen sous la main d'un Lisz qui se trouvera à mille kilomètres de notre instrument. On peut aujourd'hui parler sans témérité du projet d'aller de Paris à Londres à pied sec. — En moins de dix secondes, l'homme, le plus inexpérimenté, peut représenter sur une plaque de métal ou sur une feuille de papier, une figure, un monument, un paysage. — Le gaz, dérobé aux météores, fournit l'illumination de nos théâtres et de nos rues. — Qu'auraient dit nos pères, vingt ans avan t, si quelqu'un s'était vanté d'avoir un moyen certain, infaillible, d'endormir les gens et d'anéantir en eux tout sentiment de douleur, au point de pouvoir couper un ou plusieurs membres malades, sans que les patients en éprouvent la moindre souffrance. Eh bien ! toutes ces merveilles datent à peine d'un quart de siècle.

Les locomotives, train express, parcourent	en une heure	50 kilomètres.
Id. grande vitesse,	—	100 kilom.
Les bateaux à vapeur,	—	de 7 à 22 kilom.

L'électricité qui fait le tour du monde en un cinquième de seconde, parcourt en une seconde, sur un fil de fer, une distance de 254 lieues, et sur un fil de cuivre, 444 lieues.

Toulouse, Imprimerie Troyes Ouvriers Réunis, rue Saint Pantaléon.

www.ingramcontent.com/pod-product-compliance
Lightning Source LLC
Chambersburg PA
CBHW060714050426
42451CB00010B/1441